El Valle de los Reyes: La historia del [...] famosos del Antigu[...]

Por Charles River Editors
Traducido por Areaní Moros

Máscara funeraria del "Rey Tut"
Fotografía por Carsten Frenzi

Sobre Charles River Editors

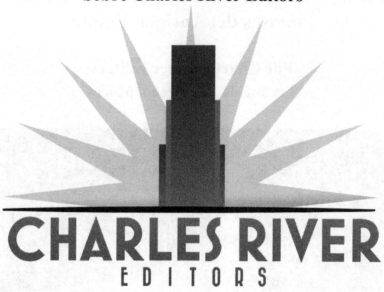

Charles River Editors provee servicios de edición y redacción original de calidad superior a lo ancho de la industria de publicaciones digitales, con la pericia para crear contenido digital para editoriales en una amplia gama de temas. Además de proveer contenido digital original para terceros, también republicamos las grandes obras literarias de la civilización, haciéndolas llegar a nuevas generaciones de lectores a través de libros electrónicos (ebooks).

Regístrese aquí para recibir notificaciones sobre libros gratuitos a medida que los publiquemos, y visite Nuestra Página de Autor Kindle para explorar las promociones gratuitas del día y nuestros títulos más recientes publicados en Kindle.

Introducción

Decoraciones en la tumba de Tausert y Sethnajt

El Valle de los Reyes

"Me encargué de la excavación de la tumba de roca de su majestad, solo, nadie me vio, nadie me oyó". – Inscripción atribuida a Ineni, consejero de Tutmosis I

"Entonces su majestad les dijo: '[A] Esta mi hija, Hatshepsut Jenemetamón —¡Que viva! — he designado como mi sucesora en mi trono (…) ella dirigirá a la gente en toda esfera del palacio; es ella quien los guiará. Obedezcan sus palabras, únanse bajo sus órdenes'. Los nobles de la realeza, los dignatarios y los líderes del pueblo escucharon esta proclamación de la promoción de su hija, el Rey del Alto y Bajo Egipto, Maatkara — que ella viva eternamente". –Inscripción en el templo mortuorio de Hatshepsut en el Valle de los Reyes

En África surgieron los primeros seres humanos, y Egipto probablemente dio origen a las primeras grandes civilizaciones, que continúan fascinando a las sociedades modernas alrededor del mundo casi 5.000 años más tarde. Desde la Biblioteca y el Faro de Alejandría hasta la gran pirámide de Guiza, los antiguos egipcios produjeron varias maravillas del mundo, revolucionaron la arquitectura y la construcción, crearon algunos de los primeros sistemas de matemáticas y medicina del mundo y establecieron lenguaje y arte que se extendieron por todo el mundo conocido. Con líderes de fama mundial, como Tutankamón y Cleopatra, no sorprende que el mundo de hoy tenga tantos egiptólogos.

Dada la abundancia de artefactos funerarios que han sido encontrados en las arenas de Egipto, algunas veces pareciera que los egipcios estaban más preocupados con los asuntos de la otra vida, que con los asuntos de la vida que experimentaban día a día. Una de las fuentes más abundantes de estos artefactos funerarios en el Valle de los Reyes, una necrópolis real ubicada en la orilla oeste del río Nilo, en Tebas. Allí, los faraones del periodo del Reino Nuevo fueron enterrados en elaboradas tumbas llenas de tesoros, que eran excavadas profundamente en los acantilados que amurallaban el Valle del Nilo.

En muchas de las tumbas reales en el Valle de los Reyes, se pintaron intrincados relieves en las paredes, que representaban al dios del sol y al rey fallecido en su viaje nocturno a través del inframundo, que se conocía en egipcio como la *Duat* (Wilkinson 2003, 82). Estas escenas, que varían ligeramente entre tumba y tumba, son conocidas colectivamente por los especialistas modernos como *El Libro de las Puertas*, pues representan el viaje del dios del sol a través de doce puertas o pilonos, uno por cada hora de la noche (Wilkinson 2003, 81). A medida que el dios y el faraón viajan a lo largo de la noche, deben contender con diversos demonios y una serpiente gigante conocida como Apofis (Lesko 1991, 119). Los egipcios creían que este viaje era cíclico, como veían al tiempo mismo, por lo que tenía lugar diariamente (Lesko 1991, 119).

Aunque estas tumbas han sido saqueadas extensamente, todavía se mantienen como puertas de entrada a la otra vida, que proporcionan una oscura ventana al pasado de una civilización fascinante. Aún más importante, la relativamente intacta tumba del joven rey Tutankamón ofreció una visión clara. Muchos de los objetos descubiertos en la tumba de Tutankamón, como los ataúdes, máscaras funerarias, ajuar canópico y estatuas, fueron hechos claramente para él y su entierro. Otros objetos, como el mobiliario, las vestiduras y carros, eran obviamente artículos que habían sido usados durante la vida de Tutankamón. Los motivos encontrados en muchas de sus posesiones lo representaban triunfando sobre sus enemigos. Por ejemplo, un cofre de madera pintado es un gran ejemplo de tales escenas; el rey aparece en su carro, seguido por sus tropas, atacando a los nubios. Las escenas que representan agresión y triunfo sobre los enemigos de Egipto por parte del faraón son ejemplos clásicos de la realeza egipcia.

El Valle de los Reyes: La historia del cementerio y las tumbas más famosos del Antiguo Egipto examina la historia del Valle de los Reyes y sus más famosos entierros. En conjunto con imágenes que representan personas, lugares y eventos importantes, aprenderá sobre el Valle de los Reyes como nunca antes, y en nada de tiempo.

El Valle de los Reyes: La historia del cementerio y las tumbas más famosos del Antiguo Egipto

Sobre Charles River Editors

Introducción

   Capítulo 1: Entierros del Antiguo Egipto

   Capítulo 2: Tebas de los Muertos

   Capítulo 3: Templos mortuorios

   Capítulo 4: Construcción de tumbas

   Capítulo 5: La tumba de Tutankamón

   Recursos en línea

   Bibliografía

Capítulo 1: Entierros del Antiguo Egipto

Para comprender verdaderamente las tumbas del Valle de los Reyes, es necesario primero comprender las nociones básicas de las prácticas funerarias del Antiguo Egipto. "Entierro" es el término que se utiliza comúnmente para describir la colección de ritos funerarios del Antiguo Egipto que lidiaban tanto con la muerte como con el viaje del alma en el camino hacia la otra vida. Durante el periodo del Reino Nuevo, un entierro real egipcio culminaba con la colocación de la momia del faraón fallecido en su tumba, escondida en las profundidades del Valle de los Reyes.

Todo egipcio estaba destinado a la eternidad después de la muerte, pero los egipcios no concebían una vida más allá de la muerte, etérea y de otro mundo. En cambio, los egipcios creían que pasarían la eternidad en un Egipto eterno, y que su vida allí sería un perfecto reflejo de la vida tal como se había vivido en el Egipto de esta tierra. El Egipto eterno era conocido por los antiguos egipcios con algunos nombres diferentes. Más comúnmente, se conocía como el *Aaru* o "Campo de Juncos", pero también era comúnmente llamado "Lago de las Azucenas" y el "Campo de la Abundancia". Los ritos funerarios egipcios reflejaban esta visión de la eternidad.

Los académicos han establecido que los primeros ritos funerarios se practicaban ya en el año 4000 a. e. c. Desde entonces y hasta el final del Imperio egipcio en el año 30 a. e. c., dichos ritos demostraron un enfoque inquebrantable en la vida eterna y la continuación de la existencia personal después de la muerte.

Los ritos funerarios egipcios eran muy dramáticos, aun cuando los egipcios tenían la esperanza de que el difunto encontraría la dicha eterna en el *Aaru*. Heródoto, el historiador griego antiguo, describe estos dramáticos ritos: "En cuanto al duelo y los funerales, cuando un hombre distinguido muere, todas las mujeres de la familia se cubren con barro la cabeza y el rostro, luego, dejando el cuerpo en el interior de la casa, deambulan por la ciudad con los parientes del hombre muerto, sus vestidos abrochados con un cinto, y golpeándose los pechos desnudos. Los hombres, por su parte, también siguen el mismo procedimiento, vistiendo un cinto o faja y golpeándose a sí mismos como las mujeres. Una vez terminada la ceremonia, llevan el cuerpo a momificar".[1]

La momificación –el aspecto más conocido del entierro egipcio– se practicó en Egipto desde mediados del tercer milenio antes de la era común. La mayoría de los académicos cree que la momificación fue sugerida por la forma en que los cadáveres a menudo se conservaban en las calientes arenas de Egipto. Desde un punto muy temprano en la historia de sus civilizaciones, los antiguos egipcios parecen haber desarrollado el concepto de un alma eterna, y se creía que el cuerpo completo[2] del difunto debía ser preservado en la tierra para que esa alma pudiera disfrutar

---

[1] (Nardo, 110)

[2] Los antiguos egipcios creían que el alma consistía en nueve partes separadas. El cuerpo físico se conocía como *Khat*; el *Ka* era la forma doble de la persona; el *Ba* era un aspecto de pájaro con cabeza humana que podía volar

de una vida eterna. Cuando una persona moría, su familia llevaba el cuerpo a los embalsamadores, donde, como lo explica Heródoto, los profesionales les mostraban "modelos de muestras en madera, de diversos grados de calidad. Preguntan cuál de los tres [niveles de servicio] se requiere, y la familia del muerto, habiendo acordado un precio, deja a los embalsamadores con su tarea (...) El mejor y más costoso modelo se dice que representa [a Osiris], el siguiente mejor es un poco inferior y más barato, mientras que el tercero es el más barato de todos"[3]. La egiptóloga Salima Ikram, describe el proceso de momificación de la siguiente manera: "El ingrediente clave en la momificación es el natrón, o *netjry*, sal divina. Es una mezcla de bicarbonato de sodio, carbonato de sodio, sulfato de sodio y cloruro de sodio, que se encuentra naturalmente en Egipto, más comúnmente en el Uadi Natrun, a unos sesenta y cuatro kilómetros al noroeste de El Cairo. Tiene propiedades desecantes y desengrasantes, y era el desecante de preferencia, aunque la sal común también se usaba en los entierros más económicos."[4]

En la forma más costosa de entierro, el cerebro del difunto se removía "por las fosas nasales con un gancho de hierro, y lo que no puede alcanzarse con el gancho es lavado con drogas; luego se abre el flanco con un cuchillo de sílex y se extrae todo el contenido del abdomen; la cavidad entonces se lava y se limpia a fondo, primero con vino de palma y de nuevo con una infusión de especias molidas. Luego de eso se rellena con mirra pura, casia y toda otra sustancia aromática, excepto el incienso, y se vuelve a coser, después de lo cual el cuerpo es colocado en natrón, cubierto completamente durante setenta días, nunca más de eso. Cuando termina este periodo, el cuerpo es lavado y luego envuelto de pies a cabeza en un lino cortado en tiras y untado en la parte inferior con goma, que los egipcios utilizan comúnmente como pegamento. En esta condición el cuerpo es devuelto a la familia, que tiene hecha una caja de madera con forma de figura humana, en la que se coloca."[5]

---

entre la tierra y los cielos; *Shuyet* era el yo de la sombra; *Akh* era el yo transformado, inmortal; *Sahu* y *Sechem* eran aspectos del *Akh*; *Ab* era el corazón, que era la fuente del bien y del mal; *Ren* era el nombre secreto de la persona. Se creía que sin el *Ka* y el *Ba*, el *Khat* era incapaz de reconocerse a sí mismo.

[3] Ikram, 53; Nardo, 110. Las tres opciones dictaban no solo en qué tipo de ataúd se podía enterrar al difunto, sino también los ritos funerarios que estarían disponibles para él y el tratamiento de su cuerpo.
[4] Ikram 55
[5] Ikram 54; cita de Heródoto.

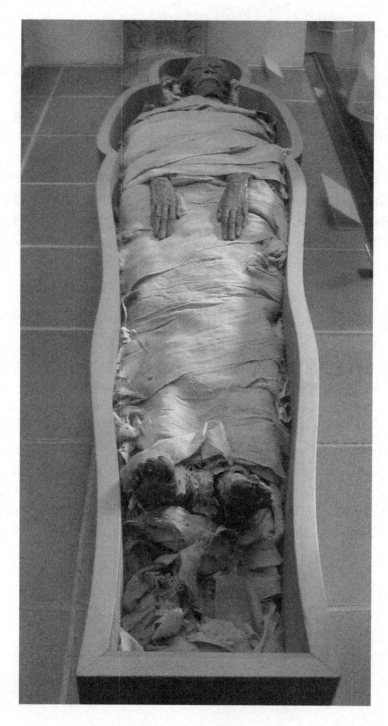

Una momia del Antiguo Egipto
Imagen de Joshua Sherurcij

El tercero y más barato método de embalsamamiento, según Ikram, consistía simplemente en remover y lavar los intestinos, y mantener el cuerpo en natrón durante 70 días[6]. Si bien los

---

[6] Ikram 54; cita de Heródoto. El natrón es una mezcla natural de carbonato de sodio decahidratado y bicarbonato de sodio junto con pequeñas cantidades de cloruro de sodio y sulfato de sodio.

órganos internos se removían para ayudar a la conservación del cadáver, se creía que el difunto todavía los necesitaría en la otra vida, así que se conservaban por separado y se guardaban en frascos o vasos llamados "canopes" (a veces llamados canopos o canópicos) dentro de la tumba.

Incluso a los egipcios que no tenían cómo pagar nada en absoluto, se les daba algún tipo de entierro, pues se creía que las almas de los difuntos que no habían sido enterrados apropiadamente regresarían como fantasmas y pasarían la eternidad acosando y espantando a los vivos[7]. Hasta la forma más básica de momificación podía ser extremadamente cara, por lo que los pobres a menudo le entregaban sus ropas usadas a los embalsamadores para que pudieran usarlas para envolver el cadáver.[8]

Una vez que el cuerpo había sido momificado, llegaba el momento del funeral. Los antiguos egipcios creían que la remembranza de los muertos por parte de los vivos aseguraba que los muertos continuarían existiendo en el Campo de Juncos. Se pensaba que una gran demostración de dolor y pena resonaría en la Sala de las dos verdades (o Sala de Osiris), el primer destino importante de los difuntos en la otra vida. Por lo tanto, el funeral era una ocasión tanto para lamentar la pérdida del difunto como para celebrar y honrar su vida.

Independientemente de cuán popular hubiera sido el difunto en vida, era la tradición tener un grupo de dolientes profesionales, llamadas plañideras (*kite*), acompañando la procesión fúnebre y el entierro. A las plañideras se les pagaba para que se lamentaran en voz alta y dramáticamente a lo largo de estos procedimientos y, tradicionalmente, cantaban las "Lamentaciones de Isis y Neftis", un lamento cantado que tenía sus orígenes en el mito de las dos diosas que lloraron por la muerte de Osiris. El canto de las plañideras tenía la intención de inspirar a los otros dolientes en el funeral a mostrar su emoción.

---

[7] El regreso de un fantasma se consideraba un asunto muy serio, ya que los egipcios no podían tolerar la idea de la inexistencia. Si al difunto no se le daba un entierro adecuado (o si sus seres queridos habían cometido algún pecado antes o después de la muerte), los dioses le concedían al Akh la dispensa de regresar a la tierra a fin de reparar el daño. El Akh entonces acosaba a los vivos, quienes tendrían que defender su caso ante el fantasma con la esperanza de recibir una respuesta razonable. Si no pudieran recibir una ellos mismos, un sacerdote tenía que intervenir y actuar como árbitro entre los vivos y los muertos. Si, por ejemplo, la desgracia cayera sobre un viudo, esa desgracia se atribuiría primero a algún "pecado" que había cometido contra su esposa, quien, omnisciente en el Campo de Juncos, ahora lo castigaba. Uno de tales viudos escribió una carta a su difunta esposa, rogándole que lo dejara en paz e insistiendo en que era inocente de cualquier mala conducta. La carta, que le entregó en su tumba, dice lo siguiente: "¿Qué cosa perversa te he hecho para que ahora tenga que soportar esta maldad? ¿Qué te he hecho? Pero lo que me has hecho tú es ponerme las manos encima, aunque yo no te había hecho nada malo. Desde que viví contigo como tu marido hasta hoy, ¿qué te he hecho que necesito esconder? Cuando empezaste a enfermarte por la dolencia que tenías, hice que trajeran a un médico (…) Pasé ocho meses sin comer ni beber como un hombre. Lloré sobremanera junto con [los habitantes de] mi casa ante mi barrio. Di tela de lino para envolverte y no dejé ningún beneficio sin hacer que tuviera que realizarse para ti. Y ahora, he aquí, que he pasado tres años solo sin entrar en una casa, aunque no está bien que alguien como yo tenga que hacerlo. Esto lo he hecho por ti. Pero, tristemente, no distingues el bien del mal". (Nardo, 32).

[8] Dando así lugar a la frase eufemística "el lino de ayer" como término para la muerte, que finalmente llegó a ser empleado por las plañideras (dolientes profesionales femeninas), quienes se lamentaban de que el difunto se había vestido una vez con linos finos, pero ahora dormía en el lino de ayer.

En algún momento antes de la procesión fúnebre o inmediatamente antes de colocar la momia en la tumba, un sacerdote realizaba la ceremonia de la "apertura de la boca". Esta ceremonia subrayaba la importancia del cuerpo físico; su propósito era reanimar el cadáver de manera que el alma inmortal pudiera continuar usándolo. En esta ceremonia, un sacerdote recitaba hechizos mientras usaba una cuchilla ritual para tocar la boca del cadáver. Se creía que el toque de la cuchilla le permitía al cuerpo recuperar su capacidad de respirar, comer y beber. A continuación, tocaba los brazos y piernas del cuerpo, para que pudiera moverse libremente dentro de la tumba (y más allá).

Mural del Antiguo Egipto que representa la ceremonia de apertura de la boca

Mural que representa la ceremonia de apertura de la boca para el faraón Tutankamón

Una vez que el cuerpo era finalmente enterrado, se sellaba la tumba. Por último, el sacerdote recitaba una serie de otros hechizos y oraciones, usualmente la Letanía de Osiris, y si el difunto era un faraón, el sacerdote recitaba un conjunto de hechizos conocidos como los Textos de las Pirámides. Con esta recitación, el enterramiento estaba completo, y el difunto podía comenzar su viaje al Campo de Juncos (*Aaru*).

Capítulo 2: Tebas de los muertos

Los antiguos egipcios son afamados por construir enormes monumentos públicos a sus faraones fallecidos. Aunque con mayor frecuencia se piense en estas tumbas como inmensas pirámides de piedra caliza, los egipcios de periodos posteriores llegaron a gastar iguales cantidades de tiempo y riqueza en la construcción de elaborados, y en gran parte ocultos, complejos mortuorios que casi ningún alma viviente debía ver. La más famosa colección de estos mausoleos subterráneos, ubicada en la orilla oeste del Nilo, en Tebas, fue una necrópolis egipcia tan grandiosa que a menudo es llamada la "Tebas de los Muertos", pues la opulencia de sus complejos mortuorios rivalizaba la famosa riqueza de la Tebas "viviente" en la orilla este del

Nilo. La mayoría de los tesoros de estos complejos mortuorios fueron enterrados a gran profundidad, en lo que llegó a conocerse como el Valle de los Reyes.

Vista aérea de la necrópolis de Tebas

La orilla oeste, o ribera occidental, en Tebas era la ubicación perfecta para esta necrópolis del Antiguo Egipto. Los egipcios creían que el sol entraba al inframundo por el lado oeste del Nilo, por lo que la orilla oeste era sumamente simbólica de la otra vida. En Tebas, la planicie de la orilla oeste del Nilo se extendía desde el propio río hasta una cadena montañosa que ofrecía una serie de valles aislados intercalados entre los altos acantilados de piedra blanda, y esta combinación de riscos y valles hacía de la ribera occidental en Tebas el lugar perfecto para la construcción de templos mortuorios y tumbas.

Desde la era de las pirámides, los gobernantes de Egipto habían construido tradicionalmente un templo mortuorio, o funerario, dedicado a su culto junto a la tumba en la que pretendían ser enterrados. La planicie de la ribera oeste en Tebas ofrecía la ubicación ideal para la construcción de sus templos mortuorios, y la piedra caliza de los acantilados más allá, la ubicación ideal para sus tumbas.

La formación geológica conocida como el Valle de los Reyes era relativamente remota, porque su único acceso era a través de angostos canales, que lo hacían relativamente fácil de proteger de la siempre presente amenaza de los saqueadores de tumbas. A pesar de estos beneficios prácticos, los antiguos egipcios probablemente prefirieron el valle por sus atributos simbólicos. Cuando el valle era visto desde la ciudad principal de Tebas en la ribera oriental –a veces conocida como "la Tebas de los vivos"–, parecía representar el "horizonte" jeroglífico que los egipcios utilizaban para representar las áreas en las que el sol salía y se ocultaba.

Deir el-Bahari, el lugar en el que los faraones Mentuhotep y Hatshepsut construyeron sus templos mortuorios, se encontraba directamente frente al Valle de los Reyes, precisamente en el centro del punto del horizonte de este glifo topográfico "*akhet*". Por lo tanto, el sol poniente pasaba directamente sobre los templos mortuorios de los faraones antes de pasar por los acantilados y hacia abajo por detrás del horizonte occidental, directamente hacia el Valle de los Reyes. En su muerte, el faraón era, por ende, asimilado al ciclo solar.

La presencia de la inmensa montaña con forma de pirámide que los egipcios antiguos llamaban "Ta Dehent" o "la cumbre" (moderno el-Qurn), puede haber sido un aspecto más del atractivo simbólico del Valle. Dehent era sagrada para la diosa vaca Hathor, y más adelante también para la diosa Meretseger ("la que ama el silencio"). Si bien la forma piramidal de esta montaña pudo haber atraído a los primeros faraones que fueron enterrados en el Valle de los Reyes, los faraones posteriores no la usaron simbólicamente. Los esfuerzos realizados para excavar en su lado norte –donde se ubicaría la entrada a una pirámide artificial– fueron pocos, e incluso menos fueron los esfuerzos de los farones por alinear sus tumbas con sus templos mortuorios en otros lugares del Valle.

El-Qurn

Capítulo 3: Templos mortuorios

Como preludio de la tumba de cada faraón del Nuevo Reino en el Valle, estaba su templo mortuorio, una estructura imponente y resplandeciente en la que el faraón podía, en vida, adorar a su deidad patrona y, tras la muerte, recibir adoración como una deidad. Después de la muerte del faraón, el templo se convertía en un templo mortuorio, y dentro del templo mortuorio de un faraón podían encontrarse estatuas realistas del difunto encerradas en un *serdab* (sótano).

Estatuas de Hatshepsut en su tumba
Fotografía por Steve Cameron

Los templos mortuorios se construyeron en el complejo de templos de Deir el-Bahari, que estaba ubicado frente a los acantilados detrás de los cuales se escondía el Valle. Una subida empinada por estos acantilados proporcionaba la ruta más directa a las tumbas del Valle, pero también había una ruta más larga y menos profunda, a la que se podía acceder a lo largo del fondo del Valle.

Esta fue probablemente la ruta que se utilizó durante las procesiones fúnebres (y otras festivas), pues aquellos en las procesiones fúnebres tendrían que tirar de cualquier equipo que se necesitara para el funeral hasta el Valle usando un trineo. Durante los festivales, los sacerdotes y parientes del fallecido se reunían en los templos mortuorios de sus seres amados para realizar ritos en ellos.

El templo mortuorio más grande del Valle perteneció a Amenhotep III (Amenofis III para los griegos). Era una inmensa e imponente estructura que medía casi 107.000 metros cuadrados, lo que lo hacía no solo el templo funerario más grande de la necrópolis en Tebas, sino una de las estructuras más grandes de Tebas en general al momento de su construcción. Antes y después de su muerte, el templo mortuorio de Amenhotep III fue el centro de culto para la adoración del deificado faraón, y el templo está alineado de manera que mira al este, hacia el Nilo. Su entrada estaba flanqueada por los mundialmente famosos colosos de Memnón. Detrás de los colosos había dos grandes patios y tres pilonos de adobe, y dentro de estos patios había dos estatuas sedentes más de Amenhotep III, una esfinge que probablemente representaba a la reina Tiy, una segunda esfinge con cuerpo de cocodrilo, varias estatuas de chacales (para representar a Anubis), y estatuas "osiriformes" (que se asemeja a Osiris) del faraón Amenhotep.

Fotografía del siglo XIX de las ruinas del templo de Amenhotep III

Un coloso de Memnón

Desde el tercer pilono, una serie de esfinges conducía a un patio solar que estaba enmarcado por una serie de columnas de caliza con adorno de capullo de papiro, alternadas con estatuas osiriformes de Amenhotep III que tenían inscritas listas de cautivos de tierras extranjeras. En el lado sur de el patio solar había una enorme estela que representaba al faraón y su reina, Tiy, con Ptah-Sokar-Osiris. El texto inscrito en la estela cataloga los extensos proyectos de construcción de Amenhotep III.

El templo se construyó intencionalmente cerca del Nilo, para que cada año el río inundara sus recintos de manera que solo sobreviviera el santuario interior del templo. Dicho santuario era allí una representación del montículo primigenio; cada año emergía de las aguas del Nilo, tal como los egipcios creían que la tierra había emergido una vez de las aguas del caos. Desafortunadamente, esto también significó que el templo mortuorio de Amenhotep III sufriera extensos e irreparables daños por el agua. Para el final de la dinastía XVIII, a principios del siglo XIII a. e. c., el otrora magnífico monumento ya se encontraba en ruinas.

El templo mortuorio de Hatshepsut, la primera faraona, o reina-faraón, de Egipto, fue uno de los monumentos más llamativos en el Antiguo Egipto, lo cual es una hazaña impresionante si se considera la asombrosa cantidad de proyectos de construcción completados por la mayoría de los faraones. Ubicado a la cabeza del Valle, bajo la punta de la montaña con forma de pirámide conocida entonces como "Dehent", el templo de Hatshepsut fue diseñado por Senemut (quien, rumoreaban comentaristas antiguos, fue amante de la reina), como un santuario jardín para Amón-Ra.

Vista aérea del templo mortuorio de Hatshepsut
Imagen de Steve Cameron

El templo de Hatshepsut se construyó en tres niveles unidos mediante dos grandes rampas posicionadas en el centro. En su frente había un pilono y dos obeliscos[9]. En el primer nivel de este templo había un patio en el que figuraba un jardín lleno de árboles y arbustos exóticos que Hatshepsut había llevado a Egipto al regresar de su viaje a la legendaria tierra de *Punt*. Detrás de

---

[9] El obelisco es un monumento muy antiguo y característicamente egipcio. Originalmente, un obelisco era una piedra amorfa colocada en posición vertical para representar el *benben* (montículo) sobre el que cayeron por primera vez los rayos del sol naciente en los albores de la creación. Los obeliscos posteriores –todavía tallados de un solo bloque de piedra– eran pilares largos, ahusados y de cuatro lados con un piramidión puntiagudo en la parte superior.

este patio había una columnata de pilares cuadrados, y detrás de éstos había una serie de relieves, la mayoría de los cuales presentaban representaciones de la propia Hatshepsut.

Otros relieves mostraban las marismas del Bajo Egipto, la extracción y el transporte de dos inmensos obeliscos río abajo por el Nilo[10], y a Tutmosis III, el hijastro de Hatshepsut, bailando ante el dios Min. En el centro del primer patio había una rampa ancha que daba acceso al segundo nivel del templo. Detrás de la amplia terraza del segundo nivel había una columnata con dos filas de columnas cuadradas a cada lado de la rampa, que continuaba hasta el tercer nivel del templo.

A la derecha de la rampa que llevaba al tercer nivel había una columnata conocida como la "columnata del nacimiento", pues sus decoraciones representaban el nacimiento divino de Hatshepsut. En estos relieves, el dios Amón-Ra aparece con la aún no nacida Hatshepsut y de nuevo con su madre, la reina Ahmose. Adoptando la forma del padre de Hatshepsut, Tutmosis I, Amón-Ra es mostrado embarazando a la reina Ahmose con su aliento divino antes de revelar su verdadera naturaleza y vaticinar que Hatshepsut revelará a Egipto. A continuación, los relieves muestran a Amón-Ra visitando al dios Jnum y dándole instrucción de crear el cuerpo de la aún no nacida Hatshepsut. Luego, se ve a la reina Ahmose siendo llevada a la cámara de parto por Heket y Jnum, y una vez adentro, es asistida por Mesjenet. Finalmente, los relieves en la columnata del Nacimiento representan a la recién nacida Hatshepsut y su Ka siendo amamantadas por Hathor gemelas mientras Seshat registra su nacimiento.

---

[10] Sin duda en conmemoración del obelisco que Hatshepsut erigió en el Gran Templo de Amón en Karnak en 1457 a. e. c., este obelisco, tallado en una sola pieza de granito rosa, medía 28,58 metros de altura y pesaba la asombrosa cantidad de 343 toneladas. El obelisco de Hatshepsut fue el segundo obelisco más grande jamás construido en el Antiguo Egipto (el obelisco más grande, conocido como el Obelisco inacabado, pesó 1.200 toneladas, pero nunca se erigió).

Relieve que representa el halcón del faraón en el templo de Hatshepsut

Del lado izquierdo de la rampa que conducía al tercer nivel hay otra magnífica columnata conocida como la "columnata de Punt". Hatshepsut era famosa por su exitosa expedición a Punt, e incluyó en su templo conmemorativo una serie de relieves que representaban su viaje. El primero de estos relieves mostraba la expedición saliendo de Egipto en dos barcos, y el siguiente mostraba la llegada a la exótica tierra de Punt[11], donde una pequeña fuerza estableció un

---

[11] Se desconoce la ubicación exacta de la tierra de Punt. A lo largo de los años, los académicos han sugerido que Punt era parte de Arabia, el Cuerno de África, la actual Somalia, Sudán, y Eritrea. Existe evidencia plausible que avala cada una de estas sugerencias. Sin embargo, con base en los relieves del templo funerario de Hatshepsut, parece probable que Punt se encontrara en las costas del Mar Rojo. Los egipcios habrían navegado allí bajando por el Nilo, a través del Uadi Tumilat en el Delta oriental. Desde allí, habrían procedido hacia el Mar Rojo.

campamento para proteger a los comerciantes. La siguiente serie de relieves muestra que este campamento protector no era necesario, porque la gente de Punt recibió a los egipcios amistosamente. Se mostró al jefe de Punt y su esposa recibiendo a la expedición egipcia con estas palabras: "¿Cómo habéis llegado a esta tierra desconocida para los hombres de Egipto? ¿Habéis descendido de los caminos de los Cielos? ¿O habéis navegado el mar de Ta-nuter? Debéis haber seguido el camino del sol. En cuanto al rey de Egipto, no hay camino que sea inaccesible para Su Majestad; vivimos por el aliento que nos concede".

El jefe de Punt, Parahu, y su extremadamente obesa esposa, se presentan a un oficial egipcio y lo llevan a su pueblo, que está lleno de casas construidas sobre altos pilotes. Allí, los egipcios ayudan a preparar un festín para la gente de Punt, quienes le agradecen a los egipcios dándoles incienso, gemas preciosas y oro. Los egipcios regresaron a sus barcos cargados con estos artículos preciosos y exóticos que, según el texto que acompaña al relieve, incluían "todas las maderas fragantes, montones de resina de mirra, con árboles de mirra fresca, con ébano y marfil puro, oro verde de Amu, madera de canela, madera de *khesyt*, incienso de *ahmut*, incienso de *senter*, maquillaje para ojos, simios, monos, perros, pieles de pantera del sur, y con nativos y sus hijos".

Finalmente, el relieve muestra la expedición en su regreso a casa, sus barcos llenos de preciosos cargamentos que incluían treinta y un árboles de incienso, malaquita, lapislázuli, plata, oro, ganado, babuinos y panteras. En su escena final, el relieve muestra a Hatshepsut celebrando una procesión triunfal hacia el templo de Amón-Ra, donde luego realiza sacrificios y entrega una parte de su botín al templo del dios como un tributo.

En el extremo sur de la columnata en el segundo nivel, Hatshepsut construyó una capilla para la diosa Hathor, una de las más poderosas y respetadas deidades femeninas egipcias (lo que puede haber sido parte de la razón por la que Hatshepsut la encontraba tan atrayente). Originalmente, esta capilla tenía su propia entrada y sala hipóstila[12], que contaba con doce magníficas columnas con cabeza de Hathor. Esta capilla presenta una serie de relieves que muestran a la reina en diversas actividades. En un relieve, se la ve amamantándose de la ubre de una Hathor bovina, y en otro, baila para Hathor. Hatshepsut también aparece sentada entre Hathor y Amón-Ra. Tutmosis II también hace una aparición y es mostrado presentando un remo sagrado a Hathor. Como la gran mayoría de las estructuras del Valle, el santuario a Hathor de Hatshepsut fue excavado en la roca viva.

También hay alguna evidencia de que las tripulaciones de estas expediciones eran capaces de desensamblar sus barcos, llevarlos cargados por tierra, utilizarlos para cualquier comercio marítimo y luego volverlos a llevar por tierra hasta llegar al Nilo.

[12] Un gran pasillo cuya entrada principal se utilizaba para procesiones. Sus puertas laterales se usaban para ofrendas más regulares de comida y bebida para los dioses. El interior de una sala hipóstila estaba completamente lleno de columnas de modo que la distancia entre las columnas era menor al grosor de cada una. Se creía que estas columnas sostenían los cielos, aunque a veces también representaban las marismas que rodeaban el mitológico montículo de la creación, o colina primigenia.

Relieve que representa a Hatshepsut y Tutmosis III

En el extremo norte de la columnata del segundo nivel, Hatshepsut construyó una capilla para el dios Anubis. Esta pequeña capilla también contaba con su propia sala hipóstila con un cielo astronómico sostenido por doce columnas estriadas o acanaladas. Al igual que la capilla de Hathor, esta tenía imágenes de Hatshepsut en presencia de Anubis, aunque un relieve representa a Tutmosis III mientras adora a Sokar. En este templo también se encontraron representaciones de Amón-Ra, Nejbet, Uadyet, Horemajet y Osiris.

Una amplia rampa conduce desde el centro del patio del segundo nivel hasta el patio del tercer nivel. La rampa está flanqueada por estatuas gemelas de Horus en forma de halcón, a cada lado de su entrada. En el nivel superior del templo había un pórtico que consistía en dos filas de columnas, y detrás de este pórtico había un patio central con varias cámaras satélite. Las columnas más exteriores de este patio tenían la forma de enormes estatuas osiriformes de la propia Hatshepsut, y las columnas de la fila interna eran octagonales. Desde allí, una puerta central conducía a otro patio de columnas con una capilla dedicada al dios solar a la izquierda y una capilla dedicada al culto real a la derecha. Las decoraciones de la capilla real representaban a Anubis, Horemajet, Tutmosis I y su madre, la reina Senseneb. Las decoraciones de la capilla solar representaban a Hatshepsut, Tutmosis III y la hija de Hatshepsut, Neferura. La capilla solar también tenía una capilla de piedra caliza para Horemajet; en torno a ésta, se representaron varias otras deidades. Detrás del segundo patio del tercer nivel había un santuario de Amón, que también fue excavado en la roca viva. El santuario de Amón estaba alineado de manera que apuntaba hacia la tumba de Hatshepsut.

Capítulo 4: Construcción de tumbas

La tumba era la parte más importante del complejo mortuorio egipcio. En efecto, el Antiguo Egipto era una tierra llena de tumbas, que esa cultura consideraba casas construidas para la eternidad. En consecuencia, las tumbas del Antiguo Egipto debían construirse con el mayor cuidado y atención. Así como el concepto de eternidad del Antiguo Egipto permaneció igual a lo largo de los muchos siglos de la historia de esa civilización, también los componentes arquitectónicos de las tumbas permanecieron relativamente constantes.

Cada tumba egipcia –independientemente de su forma– contenía una capilla, un pasadizo o conducto hacia la cámara funeraria, y paredes decoradas con escenas de la vida cotidiana del difunto. No era poco común que un faraón eligiera la ubicación de su futura tumba durante el primer año de su reinado, y en ese punto, el faraón también comenzaría a considerar los diseños arquitectónicos de la tumba y las decoraciones con las que se adornarían las paredes y techos de la estructura.

La ubicación que elegía un faraón para su tumba era de suma importancia, y el Valle de los Reyes ofrecía una gran cantidad de opciones adecuadas. En su punto más estrecho, el Valle se abre, extendiéndose hacia el oeste y el noroeste hasta girar hacia el sur para revelar sus dos ramas o brazos principales. El Valle de los Reyes consiste, de hecho, en estos dos *uadis* (lechos fluviales secos). El primer uadi es la rama oriental y principal del Valle, y el segundo es la rama occidental y más grande del Valle.

La mayoría de las tumbas reales del Valle están ubicadas en la rama oriental, que era conocida por los antiguos como "ta set aat" (el Gran Lugar), o algunas veces simplemente como "ta int" (el Valle)[13]. Dentro de la rama oriental del Valle hay varios brazos más pequeños que también están llenos de tumbas.

La rama occidental del Valle contiene pocas tumbas conocidas. Desde este brazo occidental, el uadi corre hacia el suroeste a través de impresionantes e imponentes formaciones rocosas. Este brazo del uadi termina dramáticamente en un gran anfiteatro natural, que seguramente habría sudo una ubicación atractiva para las tumbas de la realeza, de no haberla escogido primero el

---

[13] Hoy en día el brazo oriental es conocido como Biban al-Muluk (el Valle de las Puertas de los Reyes).

"rey hereje", Akenatón, como la ubicación de su propia tumba.

De hecho, fue el padre de Akenatón, Amenhotep III, quien construyó por primera vez su tumba en el Valle Occidental de los Reyes, por lo que probablemente haya sido el primero en utilizar esa sección distante de la necrópolis real. Las tumbas del Valle Occidental se construyeron en la mitad de la pendiente del talud al final de una rama del uadi (valle) principal. Muchas de las tumbas en el Valle Occidental son desconocidas, pero algunas parecen haber pertenecido a los miembros finales de la dinastía XVIII.

La tumba designada como WV23, por ejemplo, se comenzó para Tutankamón, pero se terminó utilizando para el enterramiento de su sucesor, Ay. El último faraón de la dinastía XVIII, Horemheb, regresó su tumba al Valle Oriental, probablemente para simbolizar su deseo de restaurar los rituales tradicionales de Egipto. Al subir al poder la dinastía XIX, continuaron excavando las entradas de sus tumbas en la base de las pendientes del talud inmediatamente sobre el suelo del uadi.

Murales en la WV23, que según la descripción del egiptólogo John Wilkerson contenía "un sarcófago roto y algunas malas pinturas al fresco de proporciones peculiarmente bajas y sin gracia"

Para poder comprender las decisiones originales de los faraones en cuanto a la ubicación de sus tumbas, es importante entender la geología de la Ribera occidental tebana. El egiptólogo Giovanni Belzoni, el primero en describir la geología y topología del Valle, notó que el posicionamiento de muchas tumbas parecía estar basado en los patrones de drenaje del Valle, pero un trabajo más reciente sobre la geología del Valle ha establecido que hay tres grupos de tumbas que están relacionadas hidrológica y geográficamente. Estos tres grupos de tumbas parecen estar estrechamente relacionadas a las tres dinastías egipcias que usaron el Valle de los Reyes como su necrópolis real.

Las tumbas de principios a mediados de la dinastía XVIII se excavaron, típicamente, en las hendiduras de caliza de los acantilados del Valle. Cuando fue posible, los primeros faraones de la dinastía XVIII optaron por construir sus tumbas bajo antiguas cascadas. Después de que uno de estos faraones era enterrado en su tumba, las paredes de la entrada de la tumba se sellaban con piedra y posteriormente se enyesaban. Cuando más adelante se inundaba inevitablemente el Valle, estas tumbas quedaban enterradas –y por lo tanto ocultas– bajo enormes cantidades de escombros.

Más adelante en la dinastía XVIII y a lo largo de la XIX, los faraones por lo general optaron por ubicar sus tumbas más abajo en el Valle, a cierta distancia de las paredes de roca. Los constructores a menudo excavaban a través de pendientes de taludes para construir estas tumbas; por consiguiente, estas tumbas eran mucho más susceptibles a sufrir daño por agua que sus predecesoras. Dado que algunas de estas tumbas entraron en contacto con la capa de pizarra o esquisto subyacente del Valle, también eran más propensas a daños por explosiones. Durante la dinastía XX, los faraones prefirieron que sus tumbas se tallaran en la roca a nivel de suelo, a menudo en los extremos de las estribaciones de roca producidas por los canales de inundación del valle. Esta posición ofrecía al menos algo de protección de las aguas de inundación, pero dadas las entradas bajas de estas tumbas, el agua todavía tendía a filtrarse.

La construcción como tal de etas tumbas se confiaba a un arquitecto y a los artesanos que ocupaban la aldea de Deir el-Medina[14]. Todos los días, estos trabajadores emprendían la empinada caminata sobre los acantilados detrás de Deir el-Bahari (un trayecto de 30 minutos aproximadamente) hasta el sitio de la tumba que se estuviera construyendo en ese momento. El trabajo del arquitecto era dirigir el trabajo de los artesanos, quienes típicamente se dividían en dos grupos: el izquierdo y el derecho. Estos grupos no tenía un número fijo de trabajadores; usualmente consistían entre 20 y 60 trabajadores, pero había momentos en que cada grupo podía llegar a contener hasta 120 trabajadores. Aunque los días laborales variaban, estos trabajadores por lo general trabajaban días de ocho horas comenzando al amanecer. La semana laboral duraba

---

[14] El poblado de trabajadores de Deir el-Medina es una de las comunidades documentadas más a fondo del mundo antiguo. Estaba ubicado aproximadamente a 800 metros de la tierra cultivada que bordeaba el río Nilo, entre el Valle de los Reyes y el Valle de las Reinas. El asentamiento se formó en algún momento durante la dinastía XVIII, probablemente durante el reinado de Tutmosis I, quien fue el primer faraón en ser enterrado en el Valle de los Reyes.

diez días, después de los cuales se les daba a los trabajadores solo dos días para descansar. También recibían muchos días libres adicionales, tanto por festivales religiosos como por motivos personales.

Estos trabajadores solían ser altamente especializados, e incluían canteros, yeseros, delineantes o dibujantes y artistas responsables de decorar las superficies de la tumba. El equipo izquierdo y el equipo derecho por lo general trabajaban en sus respectivas partes de la tumba bajo la supervisión y control directos de dos capataces, uno para cada equipo, y estos capataces eran nombrados por el faraón mismo o por su visir. Era responsabilidad de los capataces de la tumba participar en el trabajo como tal, así como tratar con el visir del faraón y con el escriba del visir, quien estaba encargado de proveer a los trabajadores alimentos (que constituían sus salarios) de los almacenes del faraón, resolver cualquier disputa que pudiera surgir entre los trabajadores y, en general, administrar la justicia en la aldea de Deir el-Medina.

El trabajo en una tumba era parecido al trabajo en una línea de ensamblaje. Primero, los canteros iban a excavar la tumba en la montaña. Luego, los yeseros procedían a alisar las paredes de la nueva tumba usando un tipo de yeso llamado *muna*, que se hacía de piedra caliza, cuarzo, arcilla y paja triturada. Sobre esa capa de *muna*, los yeseros colocaban finas capas de caliza y arcilla, que blanqueaban con una capa final de yeso, o *gypsum* diluido. Una vez que la tumba estaba suficientemente enyesada, acudían los dibujantes a ejecutar el diseño que habían decidido los sumos sacerdotes de Egipto, y aprobado el mismo faraón.

Estos delineantes utilizaban ocre rojo para dividir las paredes y superficies de la nueva tumba, de manera que las figuras y textos de las decoraciones de la tumba pudieran ubicarse exactamente donde les correspondía. Un delineante en jefe supervisaba este trabajo, y una vez que se completaba un "primer bosquejo", el delineante supervisor inspeccionaba las divisiones y hacía correcciones usando carbón negro. Una vez que estas divisiones se finalizaban, era el momento de que los escultores comenzaran a tallar los bajorrelieves. Hecho esto, los pintores los coloreaban. Estos pintores empleaban seis colores básicos, cada uno de los cuales era ritualmente simbólico.[15]

En la construcción te tumbas también se empleaban varios otros tipos de trabajadores. Los hijos no calificados de artesanos calificados eran a menudo empleados en tareas más serviles, y a cada artesano calificado se le daba un equipo de trabajadores comunes que realizaban tareas menores, como mantener ardiendo las antorchas[16], transportar agua y preparar yeso. Así, incluso

---

[15] El verde (wadj) era el color de la vegetación y la nueva vida; el rojo (desher o dšr) era el color de la vida y la victoria; el blanco (hedj y shesep, o ḥḏ y šsp) era el color de la omnipotencia y la pureza; el negro (kem o km) era el color que simbolizaba la muerte y la noche; el amarillo (khenet o knt) era el color del sol y el oro, y por ende, el símbolo de lo imperecedero, eterno e indestructible; el azul (iritu y sbedj o irtyw y ḥsbḏ) simbolizaba tanto el agua como el cielo, por lo tanto, era el símbolo de los cielos, el océano primigenio y la fertilidad.

[16] Estas eran antorchas especializadas. Recipientes de arcilla cocida se llenaban con sal y aceite de sésamo o grasa animal. La sal ayudaba a limitar la cantidad de humo emitido por la antorcha para garantizar que ninguna de las pinturas de la tumba resultara dañada.

cuando los artesanos trabajaban en las secciones más profundas de las tumbas cerca de la entrada, el trabajo siempre continuaba eficientemente. Aun cuando estos artesanos solo tenían acceso a las herramientas más rudimentarias, típicamente les tomaba no más de unos pocos meses terminar una tumba promedio. Las tumbas más grandes y elaboradas podían tomar entre seis y dieciséis años en completarse.

El área en torno a la entrada de la tumba KV62
Imágen de Peter Bubenik

Estas tumbas reales que fueron excavadas en el Valle de los Reyes representaron un cambio, tanto en forma como en ubicación, de los complejos piramidales que las precedieron. Si bien las tumbas en el Valle varían en detalles, todas adoptaron la forma esencial de una cámara ahuecada en lo profundo de los acantilados. Algunas tumbas en el Valle de los Reyes fueron excavadas a una profundidad de hasta 500 metros en la ladera. Las entradas de estas tumbas siempre se ocultaban cuidadosamente, en un admirable (pero casi siempre infructuoso) intento de evitar que las tumbas del Valle fueran saqueadas por ladrones. De hecho, algunos rollos de papiro describen las hazañas de los ladrones, como uno escrito por un individuo que robó la tumba de Ramsés IV: "El extranjero Nesamun nos llevó y nos mostró la tumba del rey Ramsés VI (...) Y pasé cuatro días irrumpiendo en ella, estando presentes todos nosotros los cinco. Abrimos la tumba y entramos en ella. (...) Encontramos un caldero de bronce, tres jofainas de bronce (...)".

Aunque cada tumba del Valle era única, todas fueron diseñadas usando los mismos componentes básicos. Primero estaba la entrada de la tumba, que era una escalera, una rampa, o un pozo que se excavaba en la roca de la ladera o la cara del acantilado. En la dinastía XVIII, las entradas de las tumbas tendían a tomar la forma de una escalera empinada, y esta tendencia continuó hasta la última parte de la dinastía XIX, cuando la pendiente de la escalera disminuyó sustancialmente. Para la época de la dinastía XX, la abertura de la entrada se había vuelto mucho más grande y la pendiente de la escalera descendente se había hecho bastante poco profunda. Los cortes de entrada de las tumbas de la dinastía XX se aumentaron ocasionalmente en los lados de la parte superior y frontal con muros de escombros, aunque en algunas tumbas más simples, la entrada no era más que un pozo vertical.

La entrada de una tumba conducía a varios corredores o pasillos, y el número de éstos en una tumba dependía de la fecha de la construcción de la tumba y de la cantidad de tiempo que se les daba a los constructores para completarla. Más comúnmente, había tres cámaras entre la entrada y lo que se conocía como la cámara "del pozo", y una o dos más entre una cámara más grande con pilares y la cámara que precedía a la cámara funeraria en sí. Los pisos y techos de estos pasillos eran generalmente paralelos y planos, y los lados de sus paredes casi siempre eran rectos.

Con el tiempo, el ancho y la altura de estos corredores tendió a aumentar, mientras que la pendiente de sus pisos y techos tendió a disminuir. Para finales de la dinastía XX, los pisos y techos de los corredores de tumbas apenas si estaban inclinados. Si había puertas en la tumba, los techos inclinados de las tumbas tenían rebajos, de forma que pudieran abrirse y cerrarse dichas puertas.

Otros empotrados especializados se tallaron en pares en las paredes de estos pasillos. Un hueco era cuadrado y el otro rectangular. El extremo de una viga rectangular se insertaba en el hueco cuadrado, mientras que el otro extremo formaba un arco hasta la hendidura rectangular. Se pasaban cuerdas alrededor de estas vigas y se ataban al sarcófago. Una vez que estas cuerdas se soltaban (cuidadosamente), el sarcófago podía descender de forma segura a la superficie horizontal en el fondo de la cámara funeraria.

Aproximadamente la mitad de las tumbas en el Valle contenían una cámara llamada la cámara del pozo. La misma contenía un agujero de pozo profundo, algunas veces con una cámara lateral al fondo del pozo. Algunos académicos especulan que este pozo tenía el objetivo de disuadir a los saqueadores de tumbas, mientras otros afirman que existía para recolectar cualquier agua de inundación que pudiera entrar a la tumba. Una tercera teoría sugiere que el pozo en esta cámara representaba el lugar de enterramiento del dios de la necrópolis menfita, Sokar, a quien se identificaba con Osiris. Durante el periodo ramésida, las decoraciones en la pared de la cámara inmediatamente anterior a la cámara del pozo representaba las horas cuarta y quinta del Imi-

Duat, las horas durante las que el dios sol Ra pasaba sobre el lugar de entierro de Sokar. Las paredes de la cámara en la que se excavaba el pozo por lo general se decoraban con escenas del faraón en presencia de varias deidades, en especial Hathor, Isis, Horus, Osiris y Anubis.

La cámara con pilares era la ubicación que permitía que la tumba cambiara de una orientación axial a la otra. Durante la dinastía XVIII, esta cámara consistía en solo dos pilares, y el descenso escalonado en su piso estaba ubicado a uno de sus lados. Se ha teorizado que un propósito de esta cámara era proporcionar el espacio suficiente para maniobrar con seguridad el sarcófago hasta la cámara funeraria. Más adelante, el sarcófago descendía hasta el centro de la cámara, que pare ese entonces había comenzado a contar con cuatro cámaras. Si una tumba contenía cámaras laterales, lo más probable es que se encontraran frente a la cámara de los pilares. Usualmente, estas cámaras laterales se hacían para contener ofrendas de alimentos y otros ajuares funerarios.

La última cámara –la cámara funeraria– era, por mucho, la parte más importante de la tumba. Comenzando desde la tumba de Tutmosis III, las cámaras funerarias en el Reino Nuevo se decoraban casi sin excepción. En la parte posterior de la cámara, más allá de un conjunto de pilares, el sarcófago real yacía en una parte hundida del suelo. Durante los últimos tiempos de la dinastía XVIII, había un techo abovedado sobre el área hundida, y ésta se ubicaba en el centro de la cámara funeraria.

A casi todas las cámaras funerarias se accedía mediante un descenso escalonado o en rampa que se excavaba desde la entrada de la tumba hasta el área hundida del sarcófago. Dos juegos de cuatro columnas en la planta principal de la cámara funeraria flanqueaban este nivel hundido. Los bordes superiores del nivel hundido parecen haber sido tallados como cornisas *caveto* (también conocidas como "cornisas egipcias"), y sus caras verticales por lo general se decoraban con imágenes de ajuar funerario.

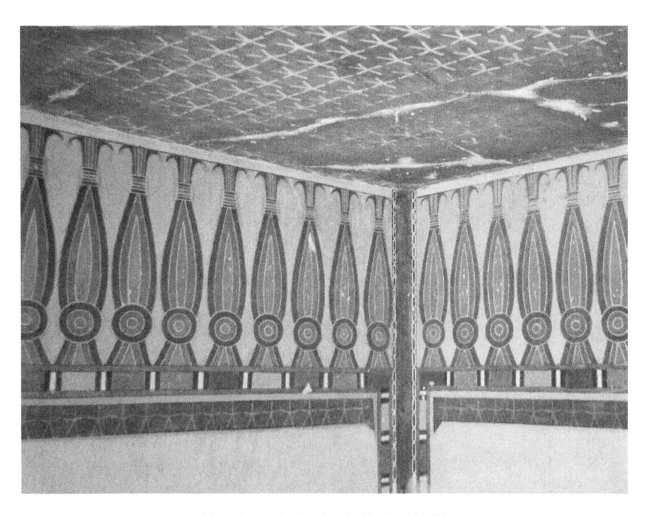

Murales en la tumba de Tutmosis III

La entrada de la tumba de Tutmosis III

El sarcófago a menudo se colocaba sobre algún tipo de estructura o excavación que se instalaba en la parte hundida del piso de la cámara funeraria. En muchos casos, el sarcófago yacía sobre una base de caliza de alta calidad o de alabastro egipcio. Esta se colocaba en uno o varios rebajos tallados en el suelo de la cámara funeraria. En algunos otros casos, el sarcófago estaba colocado directamente en una depresión excavada en el suelo de la cámara. Ocasionalmente, el cuerpo –con ataúd o sin él– era colocado en un foso excavado en el suelo de la cámara. Este foso se cubría entonces con losas de piedra o una única cubierta de piedra, y era un sustituto para la caja y tapa independientes de las que se componía un verdadero sarcófago.

En un comienzo, los restos momificados de los egipcios de la élite se guardaban dentro de un conjunto de ataúdes anidados, o encajados uno dentro del otro[17], que luego se colocaban en un sarcófago. El sarcófago era usualmente una caja de piedra cubierta con una tapa. Se inscribía una línea vertical de jeroglíficos a lo largo de la parte posterior del sarcófago para representar la columna vertebral del difunto, y también se pensaba que proporcionaban fuerza a la momia cada vez que se levantara a comer o beber.

En el Valle de los Reyes, la mayoría de los difuntos eran enterrados en sarcófagos con forma de cartucho. A comienzos del periodo del Reino Nuevo, estos sarcófagos se hacían de piedra, pero más adelante se tallaban de cuarcita (una forma metamórfica de piedra caliza). Hacia el final de la dinastía XVIII, los sarcófagos encontrados en la necrópolis tebana utilizaron granito rojo de Asuán. Los sarcófagos de los faraones de la dinastía XVIII por lo general se decoraron con representaciones de Anubis y los cuatro hijos de Horus en los costados, mientras que los extremos de la cabeza y los pies tenían representadas a Isis y a Neftis. Hacia el final de la dinastía, los sarcófagos pasaron a ser rectangulares, con figuras esculpidas de diosas protectoras adornando sus esquinas.

---

[17] Todos eran momiformes, es decir con forma de figura humana. Sus decoraciones a menudo incluían un patrón de *rishi* (pluma). Los sarcófagos reales incluían el tocado *nemes* a rayas con un *ureaeus* (emblema protector de los faraones) en la frente y los cetros de "cayado y mayal" en la mano. Ocasionalmente, los ataúdes, como los sarcófagos, también se colocaban uno dentro del otro.

Fotografías del arqueólogo Howard Carter, descubridor de la tumba, examinando el sarcófago de Tutankamón

Con la tumba de Ramsés I, el fundador de la dinastía XIX de Egipto, hubo un retorno al sarcófago en forma de cartucho, si bien diferentes enterramientos reales utilizaron diferentes formas de sarcófagos. Seti I y Ramsés II fueron enterrados en sarcófagos momiformes de alabastro egipcio, y estos fueron inscritos con escenas y textos tomados del Libro del Amduat y del Libro de las Puertas; Merenptah fue enterrado en un sarcófago especialmente impresionante, que consiguió combinar la forma de capilla de los sarcófagos anteriores con la forma de cartucho del sarcófago neomoderno. En dos de las tapas de estos sarcófagos aparecía una efigie momiforme y, de nuevo, estaban decoradas con extractos tomados del Libro del Amduat y el Libro de las Puertas. Todos los faraones de la dinastía XIX hasta el reinado de Ramsés IV serían enterrados en sarcófagos talmente elaborados.

El sarcófago de Merenptah

Con el entierro de Siptah, la forma y el programa decorativo de los sarcófagos de la realeza se estandarizaron más. La forma de cartucho se usó consistentemente, y la efigie en cada tapa estaba acompañada con las figuras de Isis y Neftis. A la izquierda del rey había una serpiente, y un cocodrilo a su derecha. Los exteriores de estos sarcófagos de finales de la dinastía XIX presentaban extractos del Libro de la Tierra.

Ciertos órganos internos, como el hígado, pulmones, estómago e intestinos, se removían del cuerpo del difunto y se momificaban por separado, por lo que requerían de contenedores fuera del ataúd. Estos recipientes eran llamados "canopes", o vasos canopes. Se creía que tanto los cuatro órganos internos momificados por separado como sus canopes estaban bajo la protección de los cuatro Hijos de Horus, y cada Hijo era responsable de un órgano específico[18]. Las tumbas de los faraones del Reino Nuevo en el Valle de los Reyes tenían, pues, una caja de piedra con forma de capilla que contaba con cuatro compartimentos. Esto se conoce como un cofre canope o canópico, y típicamente estaba hecho del mismo material que el sarcófago real (cuarcita para Hatshepsut, Tutmosis I y Tutmosis III; calcita para Amenhotep II y aquellos que lo sucedieron).

---

[18] Amset protegía el hígado, Happi los pulmones, Duamutef el estómago, y Qebehsenuf los intestinos.

El cofre canópico de Amenhotep II introdujo un nuevo programa decorativo. En las esquinas se esculpieron figuras de las cuatro diosas protectoras –Isis, Neftis, Neit y Serket– con sus brazos extendidos de forma que parecían abrazar los lados del cofre. Los compartimientos individuales del cofre estaban cerrados por tapones modelados en la forma de la cabeza del respectivo faraón. Cada órgano momificado era envuelto por separado, y ocasionalmente, se le proporcionaba su propia máscara de momia en miniatura o incluso su propio ataúd. El cofre canópico probablemente era colocado al pie del sarcófago, aunque algunas veces puede haber estado ubicado en una cámara lateral separada, ubicada frente a la cámara funeraria principal.

Juego de vasos canopes del Antiguo Egipto fabricados durante la dinastía XXI

Las *ushebtis* eran estatuillas momiformes que servían como sustitutas para los difuntos cuando los difuntos eran llamados a hacer tareas en el reino de Osiris. Cada ushebti tenía inscrito el nombre de su propietario y, usualmente, con el hechizo 6[19] del Libro de los Muertos. Las ushebti

---

[19] "Oh, ushebti, asignada a mí, si me convocan o si se me indica que haga cualquier trabajo que deba hacerse en el reino de los muertos, si de hecho se te implanta algún obstáculo como hombre en sus deberes, trabajarás para mí en cada ocasión de hacer arables los campos, de inundar las riberas o de transportar arena de este a oeste; 'Aquí estoy', dirás".

podían fabricarse de una serie de diversos materiales, como la cerámica tipo fayenza, piedra (granito, caliza, arenisca, cuarcita o alabastro), y madera. Algunas estaban hechas de bronce, mientras que algunas eran de madera posteriormente revestida con pan de plata o de oro. La mayoría de las ushebtis de madera, sin embargo, estaban simplemente cubiertas con resina negra.

Exhibición de varias ushebtis

Imágenes de ushebtis de Tutankamón

La mayoría de las ushebtis fueron encontradas con su propio juego de herramientas en miniatura –azadones y cestas– que necesitarían para completar sus tareas. En teoría, cada ushebti habría requerido un trabajador por cada día de trabajo, un supervisor por cada diez días, y un supervisor de rango superior por cada mes, así como cinco trabajadores adicionales por los cinco días epagómenos que ocurrían al final de un año egipcio. En otras palabras, necesitaban en total 413. Mientras más estatuillas ushebti hubiera en una tumba, mayor era la riqueza de la persona que estaba enterrada allí.[20]

Las tumbas reales siempre estaban llenas de varias figurillas del rey en madera, diversas deidades y criaturas protectoras. Algunas veces, estas figuras estaban incluso contenidas en sus propios relicarios o capillas individuales en miniatura. Una de las figuras rituales más comunes era una bandeja o caja ahuecada hecha con la forma del dios Osiris. Esta caja era llamada un "Osiris germinante", pues estaba llena de tierra con semillas. Cuando se humedecía la tierra, brotaban las semillas del Osiris germinante.

También era común un grupo especializado de figuras rituales que estaban sujetas a ladrillos mágicos. Estas figuras, que siempre venían en un juego de cuatro, se orientaban en las direcciones cardinales y se colocaban en nichos tallados en las cuatro paredes de la cámara funeraria, de modo que rodeaban el ataúd. Cada uno de estos ladrillos de barro tenía inscritos textos protectores del Hechizo 151 del Libro de los Muertos. Casi todas las tumbas también contenían varios modelos a escala, más comúnmente el modelo de un barco o bote. Estos barcos a escala cumplían varias funciones, que incluían navegar hacia y desde Abidos en la peregrinación ritual del difunto hacia la tumba de Osiris, y generalmente atravesar las turbias aguas de los reinos de Osiris.

Ya desde la dinastía V, se había vuelto tradicional que se inscribieran textos religiosos en las cámaras funerarias de las tumbas reales. Las más antiguas de estas composiciones se conocen como los Textos de las Pirámides, pues fueron inscritos en las cámaras funerarias de las grandes pirámides. Generalmente, estos textos eran una compilación de hechizos que describían diferentes aspectos de la restauración del faraón y su existencia entre los dioses en la otra vida.

---

[20] Cada ushebti solo podía usarse una vez como reemplazo, por lo que la demanda de ellas era extremadamente alta. Toda una industria estaba dedicada a su creación.

Los Textos de las Pirámides en la pirámide de Teti I

Durante el periodo del Reino Medio, los gobernantes abandonaron esta práctica y, en cambio, prefirieron tener una serie de hechizos plasmados en sus ataúdes. Estos se denominaron Textos de los Sarcófagos, si bien la mayoría derivaba directamente de los Textos de las Pirámides. Sin embargo, de manera más innovadora, los fondos de los ataúdes del Reino Medio ofrecieron algunas de las primeras representaciones de la otra vida, en forma de un mapa esquemático, y este mapa y su texto acompañante se conocieron como el "Libro de las dos vías", o de los "dos caminos". Las composiciones funerarias del Reino Nuevo consistían en elementos de las tradiciones de los reinos Antiguo y Medio.

La gran mayoría de las composiciones funerarias encontradas en el Valle de los Reyes presentaban tanto figuras como textos que describían la otra vida en el Campo de Juncos. El Libro de las Cavernas, así llamado porque sus figuras se muestran en óvalos que se supone que representan cuevas, está dividido en solo seis secciones. Amón-Ra, en forma de hombre con cabeza de carnero, introduce las cuatro primeras divisiones, y los registros más bajos de las primeras cinco divisiones contienen representaciones de enemigos atados. En la quinta división están representados dos grandes figuras de Nut y Osiris itifálico (de falo erecto). En la sexta división, la escena culminante, el dios sol Amón-Ra amanece como un escarabajo y un niño cuando emerge del reino acuático de la creación.

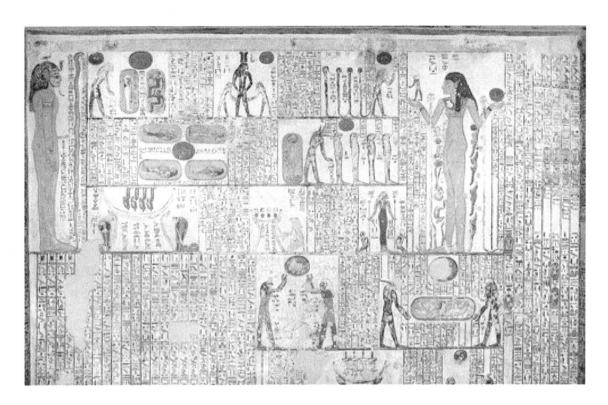

Escena de la quinta división del Libro de las Cavernas

Otra escena popular es conocida como el Libro de la Tierra. A diferencia de la mayoría de las descripciones del viaje nocturno del sol, el Libro de la Tierra no sigue una progresión narrativa obvia. En cambio, tres registros en la pared izquierda de la tumba representan al dios sol Amón-Ra en su barca sagrada bajo una momia supina. Sobre las dos figuras brillan discos estelares y solares. El registro inferior representa una figura itifálica en una estructura que se supone se asemeja a un reloj de agua.

En la pared derecha de la tumba estaba la forma "*ba*" de Amón-Ra, una gran ave con cabeza de carnero que se encuentra debajo de una representación del sol renacido que emerge de las aguas del caos. Bajo las alas extendidas del *ba* de Amón-Ra, la barcaza del sol descansa sobre la imagen de Aker, dios del horizonte y guardián de las dos puertas del Duat, representado como dos leones contrapuestos. Aker representaba la forma encarnada de la entrada terrenal al inframundo. Frente al dios Amón-Ra se mostraba una diosa que representa las horas.

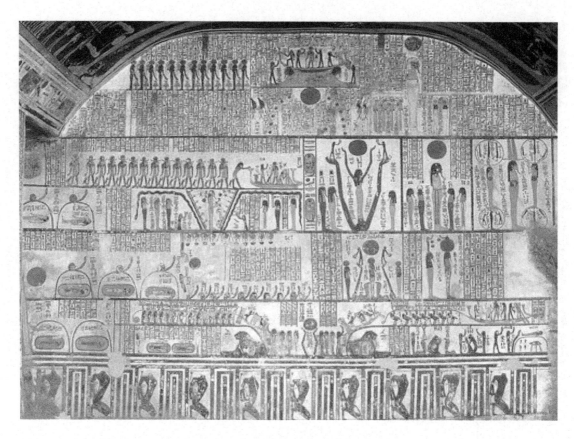

El Libro de la Tierra en la tumba KV9

La tumba y el sarcófago de calcita del faraón Seti I presenta una de las versiones más completas del Libro de las Puertas[21], si bien algunas secciones del Libro aparecieron con cierta frecuencia en un gran número de otras tumbas. Cada sección del Libro de las Puertas (a excepción de la última) estaba dividida en tres registros. Los primeros registros representaban a la barca solar entrando al horizonte occidental; el dios sol y su barcaza aparecen en el comienzo del registro medio. El quinto registro estaba ampliado y representaba la Sala del Juicio de Osiris. En la escena final, se ve al dios Nun levantando la sagrada barca de las aguas primigenias al amanecer. También era popular que los techos abovedados de las cámaras funerarias se decoraran con figuras que representaban las constelaciones de los horizontes sur y norte.

Otras figuras en los techos representaban los decanos (*bakiu*), las constelaciones de estrellas que se utilizaban para anunciar los intervalos de diez días en los que se dividía cada mes. Como complemento de estas figuras astronómicas en los techos había a menudo escenas de los libros del Día y de la Noche, en los que la figura arqueada de Nut, la diosa del cielo, enmarca textos que describen el viaje del dios sol Amón-Ra a través del cielo a medida que avanza desde el amanecer hasta el atardecer, así como su viaje nocturno por el interior del cuerpo de la diosa – que comienza con ella tragándoselo– hasta su renacimiento al amanecer.

---

[21] La única otra versión completa existe en las paredes sur de los pasillos y cámaras superiores de la tumba de Ramsés V y Ramsés VI.

El techo de la cámara funeraria de Seti I

Otras composiciones que adornaban (completa o parcialmente) las tumbas reales del Valle de los Reyes incluían el Libro de la Vaca Celestial, que describe cómo la hija de Amón-Ra, Hathor, evitó la destrucción de la raza humana. Su imagen principal presentaba una gran vaca sostenida por la imagen del dios Shu. Versiones completas de esta composición fueron halladas dentro de la capilla dorada más exterior del rey Tutankamón, así como en una cámara lateral de la tumba de Seti I. La cámara funeraria de Ramsés IV presenta una composición llamada el Libro de Nut, en el que Shu, el dios del aire, es representado sosteniendo la figura arqueada de la diosa del cielo, Nut, y así la separa de Geb, el dios de la tierra.

Representación del Libro de la Vaca Celestial

Más adelante, en la dinastía XX, las tumbas reales también comenzaron a incluir relojes estelares. La medición del tiempo mediante los fenómenos celestiales siempre había desempeñado un papel importante en las decoraciones de tumbas y los textos funerarios, y en tumbas posteriores, esta tradición se celebró con representaciones de hombres arrodillados bajo rejillas que contenían estrellas. Junto a cada hombre arrodillado estaba el nombre de la estrella que aparecía en un punto particular en el objetivo humano en un momento dado de la noche, esencialmente un reloj solar que utilizaba otras estrellas. Por lo general se daba una imagen y un nombre para marcar cada mes del año.

El viaje de Amón-Ra a través del inframundo era el tema más predominante de la mayoría de las composiciones funerarias, pero muchas tumbas reales también presentaban composiciones de naturaleza no real. La mayoría de las tumbas reales contenían al menos algunos hechizos del Libro de los Muertos, que trataban con el viaje solar, el juicio final, los portales del reino de Osiris, y diversas descripciones del inframundo. Los hechizos del Libro de los Muertos se encontraban comúnmente en los sarcófagos de los faraones de la dinastía XVIII, pero para cuando fue enterrado Tutankamón, habían comenzado a figurar también en las paredes de la cámara funeraria.

Una escena del Libro de los Muertos

Casi de igual popularidad era la Letanía de Ra. La escena inicial de la Letanía representa al disco solar con un cocodrilo debajo y una serpiente encima. Dentro del disco hay un escarabajo (el dios solar al amanecer) y un hombre con cabeza de carnero (el dios solar al mediodía). Después de estas imágenes, se invocaba al dios solar en setenta y cuatro formas, con cada una seguida de su imagen. En el techo de la cámara que representaba la Letanía, se ofrecía aún otra representación del dios solar como un pájaro con cabeza de carnero (su forma de *ba*) acompañado de Isis y Neftis como de plañideras.

Finalmente, muchas tumbas reales contenían por lo menos alguna porción de las escenas del ritual de apertura de la boca. Este texto consistía en una serie de hechizos referentes a la restauración a la vida del cuerpo del difunto, así como a la animación de una estatua o imagen con fuerza espiritual. Estos hechizos siempre se acompañaban con imágenes de sacerdotes que los realizaban ante el difunto o ante una estatua del difunto.

Capítulo 5: La tumba de Tutankamón

Murales en la tumba de Tutankamón, el "rey Tut"

La tumba en el Valle Occidental del joven faraón Tutankamón no es la más grandiosa de todas las tumbas en el Antiguo Egipto. No es la más grandiosa de todas las tumbas en el Valle de los Reyes; de hecho, el faraón conocido cariñosamente por buena parte del mundo como el "rey Tut" no fue siquiera uno de los gobernantes más poderosos del Antiguo Egipto. Sin embargo, la tumba del rey Tut en el Valle de los Reyes es excepcional en el sentido de que, a diferencia de casi todas las demás tumbas en el Antiguo Egipto, fue encontrada casi completamente intacta. La pequeña tumba de este gobernante relativamente menor contenía una vasta fortuna de casi 3.500 tesoros, ofreciendo así algo de perspectiva sobre las tumbas que estaban casi vacías al ser descubiertas. Si se considera la gran riqueza que adornaba la tumba de un rey de tan poca relevancia, se vuelve posible –aunque solo escasamente– imaginar los tesoros que deben haber contenido las tumbas de los faraones más importantes del Reino Nuevo.

Es importante recordar que los objetos encontrados en la tumba de Tutankamón estaban allí para mucho más que simplemente afirmar su posición como gobernante de Egipto. Todos los

5.398 objetos recuperados de su tumba tenían un propósito y un papel que desempeñar para ayudar al faraón en su viaje hacia y a través de la otra vida. Si bien quizás nunca sepamos el propósito exacto de cada uno de los objetos, sabemos que habría habido un propósito, y la mayoría de los objetos pueden dividirse, aproximadamente, en algunos grupos principales.

Además de los objetos para preservar el cuerpo y la momia, una categoría de objetos consiste en aquellos que, se supone, debían ayudar a Tutankamón en la otra vida, para mantenerlo a salvo y ayudar a mantener su identidad. Con la creciente importancia que se le dio al dios Osiris, la "otra vida" se centró en el viaje a través del inframundo. El rey habría seguido al dios solar en su camino a través del inframundo por la noche y renacería con él por la mañana con el amanecer.

Muchos de los objetos encontrados en la tumba de Tutankamón tenían el propósito de salvaguardarlo en el viaje por el inframundo. Objetos como figurillas mágicas, amuletos, imágenes de deidades, e incluso las pinturas en los muros estaban allí para ayudar al rey en el más allá, mientras que otros objetos como cayados y mayales eran símbolos del estatus de Tutankamón. El rey necesitaba conservar su estatus real en la otra vida. El cayado y el mayal eran antiguos símbolos de la realeza egipcia, como también lo eran la serpiente y los *ureaeus* con cabeza de buitre en su máscara funeraria, y la representación del rey parado triunfante sobre los enemigos de Egipto. Todas estas eran representaciones del estatus de Tutankamón como un faraón de Egipto.

Otra categoría para tener en cuenta es la de la vida cotidiana. Miles de los objetos encontrados en la tumba, desde pilas de comida, ropa, muebles, carros y armas, eran recordatorios de la vida que Tutankamón había vivido, y fueron colocados allí para que él pudiera llevarlos consigo a su otra vida. Algunos de los objetos eran símbolos de lo que había tenido en vida, como es el caso de las figurillas ushebtis, que se hacían para asemejar personas. Estas figurillas, algunas de las cuales estaban realizando ciertas tareas y otras estaban paradas quietas, tenían el propósito de representar a los sirvientes que Tutankamón había poseído en vida, y el servicio y ayuda continuos que le ofrecerían en la otra vida. Los alimentos debían ser un recordatorio de lo que había comido en vida, y para proporcionarle sustento en la otra vida.

Si bien la mayoría de los objetos tienen un propósito claramente identificable, el de la preservación, protección o representación, otros no lo tienen. Por ejemplo, hay tres grandes sofás ornamentados que son bastante curiosos. Se ha determinado que se hicieron especialmente para el entierro del rey, así que no eran objetos que habían sido usados mientras estaba vivo. Aunque deben haber tenido la intención de ser útiles para el rey en su vida futura, se desconoce su propósito específico. Si estaban allí para representar objetos que el rey había utilizado durante su vida, no está claro por qué fueron construidos a propósito para su otra vida, en lugar de colocar en la tumba sofás que sí hubiera usado en su vida terrenal.

Independientemente de los propósitos y misterios de los objetos, la gama, detalle y calidad artesanal de los miles de objetos en la tumba de Tutankamón son magníficos, y el descubrimiento de la relativamente intacta tumba fue, y es, el sueño de todo arqueólogo. Pero, ¿qué proporcionaron realmente la tumba y sus objetos que no se supiera ya? La tumba en sí misma era pequeña, y arquitectónica y artísticamente era, y es, un mal ejemplo de las tumbas reales del Reino Nuevo. No ofreció información nueva, más allá de dar a entender que el rey enterrado en ella debió haber muerto inesperadamente y antes de que se hubiera completado su propia tumba.

Los objetos encontrados dentro de la tumba, si bien maravillosos, tenían poco valor histórico. Los egiptólogos, a partir de muchos otros artefactos, pinturas y dibujos en otras tumbas, ya tenían una firme comprensión de cómo era la vida cotidiana en el Antiguo Egipto, así como conocimiento las prácticas religiosas y funerarias. Por consiguiente, la tumba de Tutankamón y sus objetos proporcionaron muy poca información concerniente a la vida del faraón; en esencia, todo lo que realmente ofrecieron fue la confirmación de la identidad de la momia.

Capilla dorada encontrada en la tumba

Jarrón de alabastro encontrado en la tumba
Frank Rytell's picture of an alabaster jar found in the tomb

Cofre de madera encontrado en la tumba
Fotografía de John Campana

Desde que se descubrió que la momia de Tutankamón era la de un adolescente, la causa de su muerte ha estado envuelta en misterio. ¿Qué causó la muerte de un joven de 18 o 19 años, en especial cuando dicho joven se había criado en una corte real con los mejores alimentos, educación y médicos a su disposición? Algunos postularon que fue asesinado como parte de algún tipo de golpe político. Otros pensaron que debe haber sido enfermizo y murió como resultado de alguna deformidad o enfermedad genética.

Durante décadas pudo arrojarse muy poca luz sobre la causa de su muerte. Sin embargo, con el advenimiento de la tecnología médica moderna, recientemente se volvió posible someter su momia a varias exploraciones, incluidas tomografías computarizadas, y análisis de ADN. Las tomografías mostraron que poco antes de su muerte, había sufrido una grave fractura en su pierna, seguida de una infección. Esta evidencia, combinada con la presencia de malaria en su sistema (revelada por los análisis de ADN), ofrecen una causa de muerte muy plausible. Es muy probable que Tutankamón haya muerto de enfermedad, como resultado de la infección en su pierna y de la malaria. Tal enfermedad habría provocado fácilmente una muerte repentina e inesperada, y la misma naturaleza de la tumba y enterramiento de Tutankamón respaldan la noción de que su muerte fue inesperada.

En cuanto a su diseño, la tumba de Tutankamón no resulta tan interesante como la mayoría de las otras tumbas en el Valle, sin duda debido a la prematura muerte del faraón. La tumba de Tutankamón, KV62, es bastante pequeña, especialmente según los estándares de las tumbas reales del Reino Nuevo. Consiste en un corredor inclinado que conduce a cuatro pequeñas cámaras. La planta de la tumba es muy diferente a las de los primeros gobernantes de la dinastía XVIII; de hecho, su tamaño pequeño, salas estrechas e inusual diseño implican que originalmente había sido diseñada para el uso de un noble, no del rey.

Al morir inesperadamente, Tutankamón fue probablemente colocado en esa tumba más pequeña porque la suya propia no estaba terminada o no estaba lista para recibir un entierro. La decoración encontrada en las paredes de la tumba probablemente se pintó entre el momento de su muerte y el de su entierro. Aunque abreviada, la decoración seguía siendo de carácter muy tradicional, y las escenas condensadas habrían sido debido a la falta del espacio adecuado.

La tumba de Tutankamón consistía en una entrada que conducía a un único pasillo. A este le seguían varios anexos que debían contener el ajuar funerario del faraón. A la derecha en ángulo de 90 grados desde el pasillo de la tumba estaba la modesta cámara funeraria, que tenía otro anexo que llevaba de vuelta en dirección a la entrada. Solamente la cámara funeraria estaba decorada. Todas las paredes tenían el mismo fondo dorado. La pared oeste estaba cubierta, entre otras cosas con escenas que representaban a doce babuinos, por las doce horas del Amduat.

En la pared sur, Tutankamón era seguido por Anubis mientras aparecía ante Hathor, y otra escena en esta pared mostraba al rey siendo recibido en el inframundo por Anubis, Hathor e Isis. En la pared norte el faraón estaba representado con el *ka* real ante la diosa Nut mientras abrazaba a Osiris. La misma pared mostraba al sucesor de Tutankamón, Ay, mientras realizaba el ritual de Apertura de la boca ante el momificado Tutankamón. En la pared este, estaban representados aquellos en la procesión funeraria mientras tiran de la momia del faraón sobre un trineo.

A pesar del regreso a prácticas funerarias más tradicionales, todavía quedaban vestigios del periodo de Amarna. Algunas de las figuras del rey y de las deidades conservaban las mismas proporciones canónicas vistas durante el periodo de Amarna. Es poco probable que esto se hiciera como una especie de declaración deliberada en cuanto a su linaje o preferencia religiosa, sino que fue el resultado de que se emplearan varios artistas para decorar la tumba.

Al entrar a la cámara funeraria, los arqueólogos se encontraron con lo que parecía ser una pared de madera dorada que presentaba una incrustación de brillante cerámica azul de tipo fayenza egipcia. Esta "pared" era la capilla más externa en el grupo de capillas anidadas por las que estaba protegido el sarcófago del faraón. Estas capillas o santuarios eran estructuras cuidadosamente construidas, principalmente de cedro y unidas por espigas de bronce, roble y madera del arbusto llamado espina santa (*spina christi*). Dentro de este santuario había un paño mortuorio enmarcado en madera, una segunda, tercera y cuarta capillas internas y, finalmente, el sarcófago en sí. Cada capilla estaba revestida de cobre en su borde inferior y equipada en su extremo este con puertas plegables dobles. Estas puertas se mantenían cerradas mediante pernos de ébano que se deslizaban dentro de enormes grapas recubiertas de plata. En cada puerta había otras dos grapas para ser cerradas con precinto de cordón y sello.

Howard Carter abriendo las puertas de las capillas en la tumba

El sello en la entrada de la tumba

El primer santuario o capilla guardaba un notable parecido con el pabellón del festival Heb Sed en el que, se creía, el faraón lograba el rejuvenecimiento y renacimiento. Fue construida con pesados paneles de cedro, cada uno de ellos decorado con yeso, dorado e incrustado tanto por dentro como por fuera. El panel posterior y los laterales de la capilla más exterior estaban decorados con amuletos de nudo de Isis y jeroglíficos *dyed* alegóricos a Osiris y simbólicos de estabilidad, todo ello contra un fondo de cerámica tipo fayenza azul brillante. El costado sur de la capilla estaba adornado por un par de ojos de Uadyet, y cada una de las puertas de la capilla con un panel rectangular que contenía relieves hundidos.

El relieve de la izquierda representa una criatura leonina sin cabeza y sin patas, mientras que el de la derecha muestra una divinidad sentada, con un tocado de plumas gemelas y agarrando un *ankh*, que era símbolo de vida. En las superficies internas, la capilla más exterior tenía inscritos fragmentos del Libro de los Muertos –hechizos 1, 134, 141 y 142[22]– así como extractos del Libro de la Vaca Celestial. El interior del techo de la capilla más externa estaba decorado con trece buitres y varios discos solares alados.

---

[22] "Aquí comienzan los hechizos de salir al día, las alabanzas y recitaciones para ir y venir en el reino de los muertos que son beneficiosas en el hermoso Occidente, y que se deben pronunciar el día del entierro y en el de entrar después de salir"— Libros de los Muertos, hechizo 1.

La segunda capilla estaba hecha de dieciséis pesadas secciones de madera, la mayoría de las cuales habían sido recubiertas de yeso y revestidas con una capa de pan de oro. El techo de la segunda capilla estaba cubierto de una gruesa capa de resina negra dividida en cuadros por bandas doradas de decoraciones incisas. La superficie exterior de cada puerta estaba adornada con una sublime representación en relieve de Tutankamón ante Osiris y Ra-Horajty. En la parte posterior de la capilla figuraban Isis y Neftis, las hermanas de Osiris y las principales dolientes en el funeral del faraón deificado. El resto del exterior de la segunda capilla estaba decorado con una variedad de textos y viñetas de diversas composiciones funerarias, que incluían el Libro de los Muertos, así como con su propio y único libro funerario criptográfico que trata sobre el triunfo de la luz.

En su interior, el techo de esta segunda capilla presentaba una figura de la diosa Nut alada, encima del jeroglífico para "oro"; la acompañaban cinco buitres con sus alas desplegadas. A cada lado de Nut había hechizos grabados de los textos de las Pirámides y del Libro de los Muertos. En la superficie interna de la puerta derecha estaba representado un mensajero con cabeza de asno junto al guardián del inframundo con cabeza de carnero; la puerta izquierda tenía una representación similar de un guardián del inframundo parado junto a una figura con cabeza humana.

Encima de las imágenes de ambas puertas estaba el texto del hechizo 144 del Libro de los Muertos[23]. Los paneles derecho e izquierdo de la segunda capilla presentaban viñetas en relieve hundido del Libro de los Muertos. En el lado derecho había representadas siete vacas celestiales, el toro del cielo y las cuatro ubres del cielo (hechizo 148), mientras que el lado izquierdo mostraba los hechizos 141 y 142[24] en conjunto con el texto de los hechizos 130, 133, 134 y 148. El panel posterior de la capilla tenía inscrito el hechizo 17 del Libro de los Muertos, una declaración de la doctrina solar en la que el difunto Tutankamón se identificaba con el dios creador.

La tercera capilla exterior estaba hecha de diez secciones separadas; al igual que la primera capilla, estaba recubierta con pan de oro e impresionantemente decorada con relieves hundidos que representaban viñetas de varios textos funerarios egipcios. En el techo de la tercera capilla había un disco solar alado y una fila de ocho pájaros con las alas extendidas; estos incluían cuatro buitres, dos buitres con cabeza de serpiente y dos halcones. En los lados de la capilla estaba representada una versión abreviada de la segunda y sexta divisiones del "Libro de lo que hay en el Inframundo".

---

[23] "Oh ustedes, puertas, ustedes que resguardan las puertas a causa de Osiris, oh ustedes que las custodian y que informan a Osiris de los asuntos de las Dos Tierras todos los días; Las conozco y sé sus nombres...". El difunto tenía que conocer los nombres de las criaturas que custodiaban cada una de las siete puertas del inframundo para poder persuadirlos de que lo dejaran pasar.

[24] Utilizados por los difuntos para alabar a los dioses al entrar en su presencia, estos hechizos reivindicaban el mérito del difunto para ser admitido en la presencia de los dioses y permitirle ocupar el lugar que le corresponde entre ellos como un "alma reivindicada" en la otra vida.

La parte trasera de la capilla y sus puertas externas presentaban extractos del hechizo 148 del Libro de los Muertos[25]; este texto estaba adornado con cuatro figuras guardianas con cabeza de carnero y cuatro mensajeros, cada uno de los cuales sostiene uno o dos cuchillos. La parte superior de la tercera capilla estaba decorada de forma similar, con un disco alado, cinco buitres, un buitre con cabeza de serpiente, un sexto buitre y un halcón. En las paredes internas de la capilla están representadas las progresiones de diversos dioses, mientras que las puertas internas muestran específicamente a Isis y Neftis con sus alas extendidas para proteger al rey Tutankamón.

La capilla más interna constaba de solo cinco secciones separadas, y se cree que era una reconstrucción en miniatura del Palacio del Norte. Su techo abovedado estaba decorado con un bajorrelieve que representaba las figuras arrodilladas de Isis, Neftis, Neit y Serket. Estas figuras están alternadas con ojos de Uadyet, Anubis en forma de cánidos recostados, y buitres. Los relieves en los paneles derecho e izquierdo muestran una procesión de Imset, Anubis, Duamutef, Happi, Geb, Horus, y Qebehsenuf.

En el panel del extremo y en los paneles de las puertas exteriores, se ve nuevamente a Isis y Neftis protegiendo al faraón en su camino al inframundo. En el techo de esta capilla más interna figura una impactante representación de la diosa Nut –también con sus alas extendidas– flanqueada por una representación de Horus con cabeza de halcón. Isis y Neftis resguardan las puertas internas una vez más, y los paneles de las paredes internas están inscritos con el texto del hechizo 17 del Libro de los Muertos.

Encajado dentro de estas cuatro espectaculares capillas estaba el sarcófago que contenía la momia del faraón Tutankamón. Este sarcófago tenía una tapa inclinada y estaba grabado con un disco solar alado en su cabeza. En la parte posterior tenía tres columnas verticales de jeroglíficos incisos. Tanto el disco solar como los glifos fueron hechos de granito rojo; sin embargo, se pintaron de amarillo para que combinaran con la caja del sarcófago, lo que sugiere que la tapa se preparó apresuradamente como substituto para una tapa original que no estaba lista al momento de la muerte del faraón. En cuanto al sarcófago en sí, su tema decorativo presentaba a las cuatro deidades tutelares: Isis, Neftis, Serket y Neit, cada una tallada en altorrelieve y pintada en colores vívidos. En cada esquina de la caja del sarcófago figura una de estas deidades con sus alas

---

[25] Para hacer provisión para un espíritu en el reino de los muertos. Este hechizo ofrecía los nombres del Toro del Cielo, o Toro Sagrado, y sus siete vacas celestiales, proporcionando un suministro eterno de comida y cerveza.
Sus nombres son:
Mansión de Kas, Señora de todos
Silenciosa que habita en su lugar
Ella de Chemmis a quien el dios ennobleció
La muy Amada, pelirroja
Ella que protege en la vida, la multicolor
Ella cuyo nombre tiene poder en su oficio
Tormenta en el cielo que lleva al dios en alto
El Toro, esposo de las vacas

desplegadas en un abrazo protector. En su borde superior, la caja del sarcófago tenía una cornisa caveto; en la parte inferior había un dado de amuletos dobles tyet y dyet. Cada uno de los lados largos del sarcófago estaba decorado con siete columnas de jeroglíficos y un ojo de Uadyet inscrito. Los lados cortos presentaban simplemente varias bandas de texto.

A pesar del esplendor y la opulencia de sus materiales funerarios, nada podría compararse con los tesoros que adornaban la momia de Tutankamón. Adjunta a la momia había una gran cantidad de artículos con el propósito de proporcionarle la protección que necesitaría para pasar al Campo de Juncos. La mayoría de la gente está familiarizada con la reluciente máscara dorada que representaba al joven rey; sin embargo, se encontró la impresionante cantidad de otros 106 artículos sujetos a su momia, tanto por fuera como por dentro de sus vendajes. Entre los más significativos de estos artículos había un escarabajo de resina negra que colgaba del cuello del momificado rey Tut en una banda dorada. El escarabajo tenía inscrito el hechizo 29b del Libro de los Muertos.[26]

Debajo de esto había un par de manos de oro bruñido que estaban cosidas directamente en las envolturas de la momia. Estas manos sostenían un cayado y mayal. Bajo estos había un gran pájaro-*ba* de oro. A medida que se removieron los vendajes de la momia de Tutankamón, se revelaron más y más de estos elaborados tesoros. Entre ellos había magníficas piezas de joyería, amuletos mágicos y una cantidad de otros objetos funerarios, todos hechos y posicionados de acuerdo con los dictados del Libro de los Muertos. Los 106 tesoros tenían el propósito de garantizar que el faraón pudiera trascender la muerte y ocupar el lugar que le correspondía por derecho entre los dioses en el Campo de Juncos.

---

[26] Este hechizo protegía contra la pérdida del corazón, mediante un amuleto de corazón. Dice "Yo soy el *benu*, el alma de Ra, que guía a los dioses al Inframundo cuando salen. Las almas en la tierra harán lo que deseen, y el alma [del difunto] saldrá a su deseo".

Detalle del trono de Tutankamón en la tumba

Relieves en la tumba

Representación de Nut en la tumba

El descubrimiento de la tumba de Tutankamón es el más emocionante que se ha hecho hasta la fecha en el Valle de los Reyes. En otros lugares del Valle, casi todas las otras tumbas reales fueron saqueadas en la Antigüedad. Para cuando un historiador griego visitó el sitio en el año 60 a. e. c., escribió que no encontró prácticamente nada allí "excepto los resultados del pillaje y la destrucción".

Desafortunadamente, el mundo quizás nunca sepa qué esplendores se esconden dentro de las tumbas del Valle de los farones más queridos de Egipto. No obstante, no se descarta la posibilidad de que se descubra otra tumba que, al igual que la de Tutankamón, haya sido ocultada tan bien que haya pasado desapercibida incluso para los más inteligentes ladrones de tumbas antiguos. Solo el tiempo, y excavaciones arqueológicas futuras, lo dirán.

Recursos en línea

Oros libros sobre el Antiguo Egipto por Charles River Editors

Otros libros sobre el Antiguo Egipto en Amazon

Otros libros sobre el Valle de los Reyes en Amazon

Bibliografía

"Anatomy of a Tomb: Modern Tomb Designations." [Anatomía de una tumba: Designaciones modernas de tumbas] Theban Mapping Project. 24 de junio de 2014. Web. 29 de julio de 2015.

"Colors" Ancient Egypt: The Mythology ["Colores" Antiguo Egipto: La mitología]. Web. 29 de julio de 2015.

Dunn, Jimmy "Egypt: The Geography and Geology of the Valley of the Kings on the West Bank at Thebes." [Egipto: La geografía y geología del Valle de los Reyes en la ribera occidental de Tebas]Tour Egypt. Web. 29 de julio de 2015.

Dunn, Jimmy. "The Treasures of King Tut's Mummy." [Los tesoros de la tumba de Tutankamón] Tour Egypt. Web. 29 de julio de 2015.

Dunn, Jimmy "Tomb Building in the Valley of the Kings." [Construcción de tumbas en el Valle de los Reyes] Tour Egypt. Web. 29 de julio de 2015.

Dunn, Jimmy. "Tomb of King Tutankhamun." [Tumba del rey Tutankamón] Tour Egypt. Web. 29 de julio de 2015

Dunn, Jimmy. "King Tut's Golden Shrines." [Los relicarios de oro del Rey Tut] Tour Egypt. Web. 29 de julio de 2015

"Funerary Equipment." [Equipo funerario] Theban Mapping Project. 19 de diciembre de. 2002. Web. 29 de julio de 2015

Handwerk, Brian "Valley of the Kings—Gateway to Afterlife Provides Window to the Past." [Valle de los Reyes: Puerta al más allá ofrece ventana al pasado] National Geographic. Web. 29 de julio de 2015.

Hill. J. "Hatshepsut's Mortuary Temple." [Templo mortuorio de Hatshepsut] Ancient Egypt Online. 2010. Web. 29 de julio de 2015

Hill. J. "Mortuary Temple of Amenhotep III." [Templo mortuorio de Amenhotep III] Ancient

Egypt Online. 2010. Web. 29 de julio de 2015

"Historical Development of Royal Cemeteries outside Thebes and Inside Thebes." [Desarrollo histórico de cementerios reales, dentro y fuera de Tebas] Theban Mapping Project. 17 de septiembre de. 2002. Web. 29 de julio de 2015

Mark, Joshua. J. "Ancient Egyptian Burial." [Enterramiento del Antiguo Egipto] Enciclopedia de Historia Antigua. 19 de enero de 2013. Web. 29 de julio de 2015

Le Page Renouf P. The Book of the Dead [El Libro de los Muertos]. Web. 29 julio de 2015.

Made in the USA
Monee, IL
10 June 2022